NOFI's

HAUPTMANN VEIT

Band 2
SICKINGEN

Collectors Collection

EDITION
ars tempus

NOFI-PRODUCTION
D-22143 Hamburg · Stapelfelder Str. 30
www.hauptmann-veit.de

Idee + Realisation: Lutz Nosofsky
Lektorate: Jochen Hagemeier, Lisa Fischer, Wolfgang Sass
1. Auflage, gedruckt in Deutschland
©+℗ NOFI-PRODUCTION · 2012

ISBN: 978-3-00-038639-8

DIE SAGA

HAUPTMANN VEIT

Collectors **Feeling History** Collection

SPECIAL EDITION

orgen werde ich nun vor dem ewigen Richter stehen. Er mag entscheiden, ob ich gefehlt habe. Doch bevor sie mir den Kopf abschlagen, werden meine Feinde mich foltern, um mir das Geständnis abzupressen, daß ich ein Volksaufwiegler gewesen sei. Da ich nicht weiß, ob mir der Herr die Kraft geben wird, unter der Tortur standhaft zu sein, sollen dies hier meine letzten Zeilen aus freien Stücken sein.

Ich habe meine Entscheidungen nie bereut. Jetzt, da ich ein alter, alter Mann bin, muss ich gestehen, dass mir keine Phase meines Lebens so lebhaft vor Augen steht, wie die, als wir uns anschickten, die alte Welt mit ihren überkommenen und lasterhaften Lebensweisen aus den Angeln zu heben.

Wir haben es gewagt! Ob wir letztlich siegreich waren, wird die Geschichte zeigen, trotz, oder gerade wegen unserer furchtbaren Niederlage. Mögen sie uns auch geschlagen haben, der freie Gedanke, die allgemeine Gerechtigkeit lassen sich in der Länge nicht unterdrücken. Mögen diese Zeilen ihren Fortgang außerhalb dieser Kerkermauern finden.

Möge meine Hand nicht zittern, so da ich mich anschicke, die Vergangenheit wieder lebendig werden zu lassen. In der Erinnerung erwacht das Unbehagen, das in meinem Herzen lastete, damals anno 1522 in der Festung Mannstein, im Badischen, damals, als alles Furchtbare seinen Ausgang hatte.

Das Heer unseres habsburgischen Kaisers, Karl V., war nunmehr seit bald drei Wochen von den französischen Truppen unter König Franz I. eingeschlossen. Wieder und wieder hatten sie die Feste berannt und es war nur noch eine Frage der Zeit, bis sie fallen würde. Kaiser Karl hatte zwar ein Ersatzheer zugesagt, aber niemand wusste zu sagen, ob und wann es eintreffen sollte, oder ob es nicht gar bereits vernichtet war.

Die Zustände innerhalb der Feste gemahnten an den Vorhof zur Hölle. Tote und Verwundete, grauenhafte Verwüstungen soweit das Auge zu blicken vermochte. Unter Schmerzen erinnere ich mich an Verwundete ohne Unterkiefer, ohne Gesicht, ohne Mund. An einen Soldaten, der über die Länge vieler Vaterunser die Halsader seines Kameraden mit seinen Zähnen zusammenpresste, um ihn vor dem Verbluten zu retten. Allein - es war vergebens. Notdürftig nur konnten die Verwundeten in eiligst hergerichteten Lazaretten tief innerhalb der Festung versorgt werden. Es fehlte an Allem und die schlecht ausgebildeten Bader und Helfer arbeiteten bis zur völligen Erschöpfung. Möge der Herr ihnen allen gnädig gewesen sein.

Der Feind hatte es vermocht, eine neue, tödliche Waffe heranzuführen, die 30-pfündige „Faule Grete", eine im ganzen Reiche bekannte schwere Bronzekanone, fähig, unsere Mauern in voller Tiefe zu durchbrechen. Als sie aufspielte und einen weiteren schweren Angriff einleitete, wurde unser Oberster, der Reichsfürst Heinrich, der Schwager des Kaisers, verwundet. Viele ließen an diesem Tag ihr Leben, doch noch einmal gelang es, sie zurückzuschlagen, jedoch zu welchem Preis!

Schlafes Bruder, Freund Hein, hatte reiche Ernte gehalten.

Im Angesicht der Todesgefahr werden Menschen zu gefährlichen Tieren, überschwemmt von Wellen der Grausamkeit. Vielleicht war dies die nähere Ursache, die einen der damaligen Hauptleute, den Hauptmann Raven, in blindem Zorn dazu veranlasste, einen der französischen Parlamentäre niederzuschiessen, die kurz darauf zu Verhandlungen vor dem Haupttor erschienen waren. Gewiss, Hauptmann Raven war allgemein für sein erregtes und gewalttätiges Auftreten bekannt und gefürchtet, und nicht Wenige erinnerten sich leidvoll und mit Grauen am eigenen Leibe daran.

Jedoch einen Parlamentär zu töten war eine ganz andere Sache, galten diese doch als allgemein unantastbar, wer dies Gesetz verletzte, stellte sich ausserhalb jeder Gnade.

Er hatte uns alle in die Verdammnis gestürzt!

Selbst sein langjähriger Jugendfreund und Waffengefährte vieler Schlachten, unser Hauptmann Veit, vermochte nicht, ihn aufzuhalten und zur Besinnung zu bringen. Nie werde ich vergessen, welch an Wahnsinn grenzender Hass in Hauptmann Ravens Augen irrlichterte, als er mit seinem Freunde brach. All die Jahre unterdrückter Wut und Demütigung, die er durch ihn zu erleiden geglaubt hatte, brachen sich Bahn. Wie ein wildes Tier hatte er Blut geschmeckt, und es schien ihm zu behagen.

Und als hätte er sein Schuldenmaß vor Gott nicht genug gefüllt, so erstach er kurz darauf in seiner Raserei auch noch unseren Fürsten Heinrich, als dieser ihn für sein Vorgehen zur Rechenschaft ziehen wollte. Doch damit nicht genug. Er lastete diese feige Meuchelei seinem Freunde Veit an, der daraufhin in größter Verwirrung und Bedrängnis aus dem Turmfenster der Festung in die Tiefe des Flusses stürzte. Oh, diese unselige Kreatur, möge er zur Hölle fahren! Er verleumdete den Freund, machte ihn forthin zum gesuchten Feinde des Reiches und schwang sich selbst zum Beschützer auf.

Die Niedertracht konnte kaum grösser sein!

Damals hatte aller Schrecken seinen Anfang. Das Böse, welches über uns schwebt, war bereit, sich auf uns niederzustürzen. Nach all den Jahren sehe ich heute, dass es seit dieser Zeit keinen Frieden mehr für uns gab. Wie aber soll man Erklärungen für das Unerkärliche finden, was mag den Allmächtigen bewogen haben, den Dingen eine solche Wendung zu geben? Ich habe lange darüber mit mir Zwiesprache gehalten, und heute glaube ich, dass die Erklärung hierfür in noch dunklerer Vergangenheit zu suchen ist. Will man Verständnis für das Geschehene erlangen, so muss man tiefer hinabsteigen, dorthin, wo alles angefangen hat...

Das Heilige Römische Reich Deutscher Nation

Deutschland

um 1500

Map labels:

KGR. Dänemark · KGR. Schweden · Ostsee · Hzm. Holstein · Pommern · Hamburg · Stettin · Berlin · KGR. Polen · Hzm. Braunschweig-Lüneburg · KGR. England · Nordsee · Friesland · Hst. Münster · Brabant · Brügge · Köln · Flandern · Hessen · Erfurt · Sachsen · Breslau · Würzburg · Prag · KGR. Böhmen · Luxemburg · KGR. Frankreich · Pfalz · Speyer · Straßburg · Stuttgart · Württemberg · Bayern · Erhhzm. Österreich · Lothringen · München · Wien · Burgund · Steiermark · Besancon · Land der Eidgenossen · Gft. Tirol · Wien · Hzm. Savoyen · Wallis · Trient · Hzm. Kärnten · Mailand · KGR. Ungarn · Turin · Adria · Genua · Parma · Mittelmeer · Toskana · KGR. Spanien · Kirchenstaat · Rom

Farbfelder markieren die Territorien großer Adelsdynastien und der römischen Kirche

---

„Es gab eine Zeit, da ging ein Mancher mit Ideen und Plänen schwanger, vor denen alle Nachfolger oft genug zurückschreckten."

Es ist die Schwelle zur Neuzeit, das ausgehende Mittelalter. Amerika ist entdeckt, auch der Seeweg nach Indien. Neue Handelsrouten und Eroberungen treten hinzu, der Horizont weitet sich. Gott war bis dahin die alleinige Instanz. Unter ihm drehte sich die Sonne um die Erde, und die war eine Scheibe, über deren Rand man besser nicht hinaussah.

Das „Heilige Römische Reich Deutscher Nation" war zwar äußerlich ein einheitlicher Staat. Tatsächlich aber zerfiel es in eine Vielzahl von Besitzungen, Fürsten- und Kirchentümer. Die Zentralmacht war im Gegensatz zu England und Frankreich schwach. Das führte zur Herausbildung föderaler Strukturen und diverser Machtzentren. Es gab zwar einen Kaiser, der mußte aber gewählt werden. Außerdem konnte sich fast jeder um die Krone bewerben. 1519 konkurrierten z.B. der spanische Habsburger Karl V. und der französische König Franz I. Es gewann Karl, einfach deshalb, weil er mehr Geld durch den Augsburger Finanz-Tycoon Fugger aufbringen konnte, um damit die wahlberechtigten Fürsten zu bestechen. Franz hatte Pech. Fast hätte er Deutschland einfach kaufen können.

Der Buchdruck wird erfunden, und nun können neue Ideen ein breites Publikum finden, nicht nur in Worten sondern auch in Bildern. Kunst und Wissenschaften blühen auf: der Arzt Paracelsus, der Rechenmeister Adam Riese, die Maler Cranach, Holbein und Dürer, die Bildhauer Stoß und Riemenschneider.

Der Habsburger, Kaiser Karl V.

Durchbrechung des alten Weltbildes. Der Mensch schaut über den Tellerrand

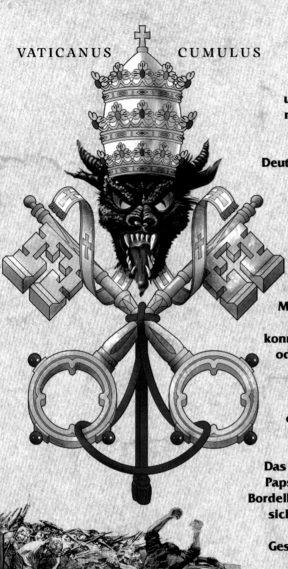

VATICANUS CUMULUS

Handel und Wirtschaft erblühen, allerdings nur in den Städten, die sich rasch unabhängig machen. Der Kleinadel, ohnehin durch Pulver und Kanonen auf seinen Burgen nicht mehr sicher, kann wirtschaftlich nicht mithalten und verliert an Macht.

Deutschland war überwiegend ein Agrarstaat, mit knapp 16 Mio. Menschen. Auf dem Land vegetierten 3/4 der Bevölkerung als Leibeigene oder Zinspflichtige, vom niederen und höheren Adel und der römisch-katholischen Kirche, der allein 1/3 des Bodens gehörte, brutal ausgepresst. Ihr maßloses Streben nach Macht und Pracht zwang ehemals freie Bauern in die Leibeigenschaft. Dann konnten sie beliebig verkauft, verpfändet oder auch vernichtet werden. Heiratete ein Leibeigener eine Freie, so wurde sie ebenfalls unfrei und ging in den jeweiligen Besitz eines Fürsten oder der Kirche über. Waisenkinder waren automatisch Leibeigene.

Das Sündenbabel Rom mit der offiziellen Papsttochter Lucretia Borgia, päpstlichen Bordellen, seinem Ablasshandel, durch den sich jeder von seinen Sünden freikaufen konnte, erzürnte mehr und mehr die Gesellschaft. Die Messen ließ die Kirche auf Latein lesen und hatte somit das Monopol auf die Auslegung der Bibel. Die Kirchenmänner waren eine wahre Landplage, die z.T. den achten Teil der Einwohner ausmachten. Absolut skrupellos, genusssüchtig und geldgierig waren die Oberhäupter. Paten-Bossen ähnlich, glichen sie sehr der heutigen Mafia, die auch nicht vor Verrat und Meuchelmord zurückschreckt. Es ist auch die Zeit der Ketzerprediger und Reformatoren, vor allem mit Martin Luther, der die römische Kirche herausforderte. Er übersetzte die Bibel ins Deutsche, für jeden nun zugänglich, und erklärte die „Allgemeine Freiheit eines Christenmenschen".

Die weltliche und geistliche Erneuerung zündete schließlich wie der Funke im Pulverfass. Es kam zur Reformation und den gewaltsamen Erhebungen des Deutschen Bauernkrieges 1525.

Die Papsttochter Lucretia Borgia

Die Kirche:"Des Teufels Dudelsack"

Johannes Tetzel, das Verkaufs-As auf dem deutschen Ablassmarkt

Martin Luther

Der „Papstesel zu Rom", eine zeitgenössische Karikatur

Käthe Kollwitz: Thema Deutscher Bauernkrieg, „Losbruch"

Martin Luther vor Kaiser Karl V. und den Kurfürsten auf dem Reichstag zu Worms, 1521

# CHRONIK
der Ereignisse

Man schreibt das Jahr 1522. Seit Wochen sind Truppen des Deutschen Kaisers Karl V.
von einer französischen Armee in der badischen Festung Mannstein eingeschlossen.
Der Oberkommandierende Fürst Heinrich, sowie seine Hauptleute Veit und Raven halten
mit ihren Gefolgsleuten tapfer stand. Da bringen die Franzosen eine neue schwere
Kanone in Stellung, und so kommt es zu einer erbarmungslosen Schlacht,
in der Raven knapp das Leben von Veit retten kann.
Kurz darauf erschießt Raven jedoch in jähzorniger Wut einen feindlichen Parlamentär -
ein Sakrileg. Doch damit nicht genug, denn er ermordet auch den Fürsten Heinrich
und es gelingt ihm, Veit als Täter dastehen zu lassen.
Veit muß fliehen und trifft in einem Wald auf die Wilderer Lennart und Tora.
Er sinnt auf Rache, stiehlt kurzerhand deren Pferd und reitet zur Burg seiner Eltern.
Die hat Raven jedoch bereits in Brand gesteckt, Veits Vater
und Bruder ermordet, die Schwester geschändet.
Es kommt zum Duell, in dessen Verlauf Veit mit seiner Schwester
und dem Hofnarren Wendel knapp entkommen kann.

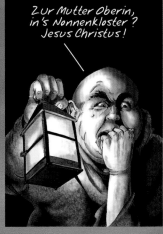

8

* s. Band 1: „BlutBruder"

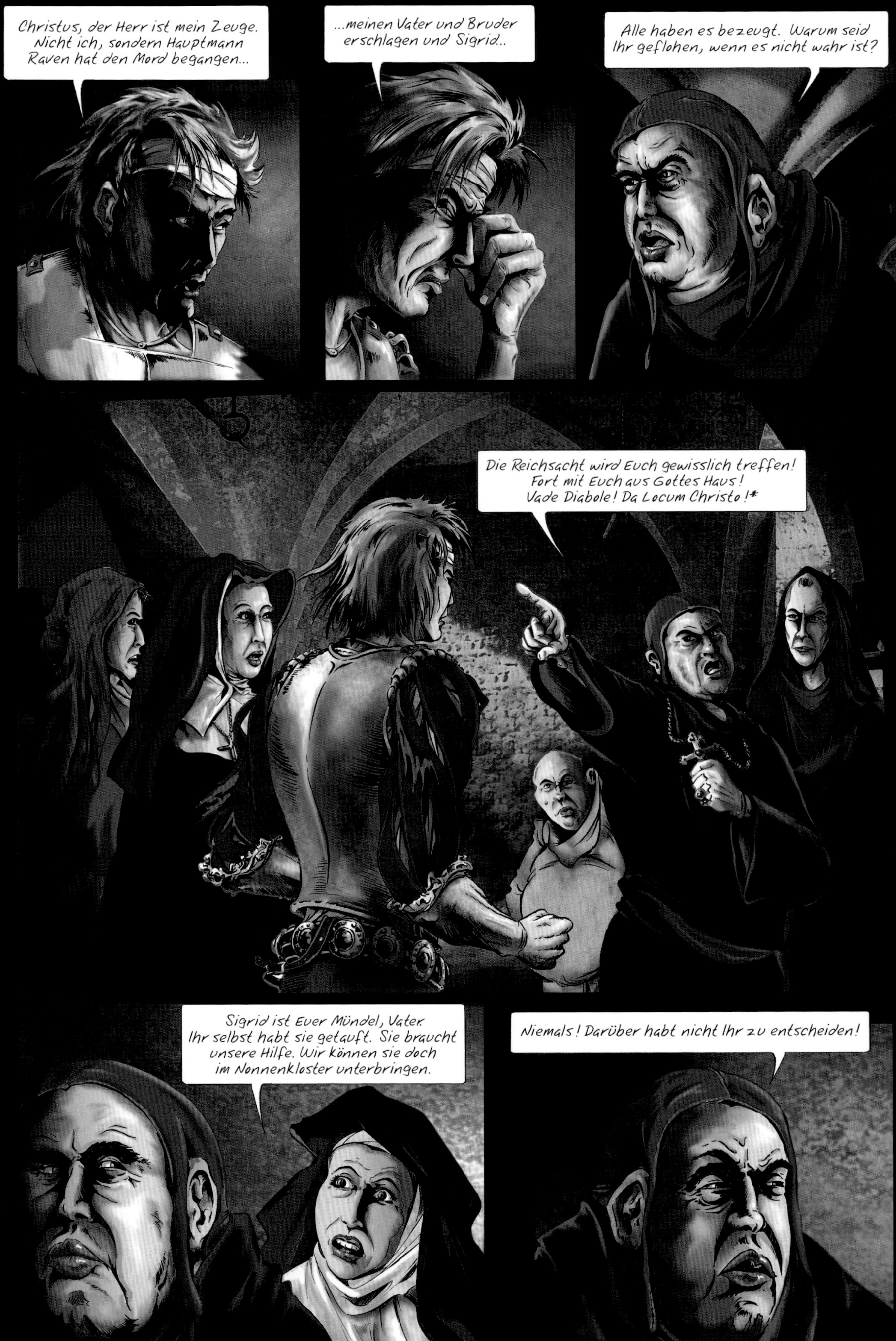

* Weiche Satan! Mach Platz für Christus!

* nachfolgend vereinfacht nur: Reichsgericht

Ohne Veit eines weiteren Blickes zu würdigen, verläßt der Abt den Raum.

Ihr braucht einen Fürsprecher. Einen unvoreingenommenen Freigeistigen, der Euer Anliegen vor dem Gericht vertreten kann. Mmmh...Moment, Ja geht zum Hutten, er ist gerade in Trier.

Nun macht nicht so ein Gesicht. Wir werden uns gut um Eure Schwester kümmern. Ich werde Euch Nachricht geben, ein Weg findet sich immer. Nun aber geht!

Ja, gut. Wenn ich nur wüsste, wohin?

Hutten, Ulrich von Hutten?

Ja, ja. Er kommt aus Eurem Stand und ist für seine freie Rede und seinen Sinn für Gerechtigkeit bekannt. Ich denke, das ist Euer Mann. Hier, nehmt diese Mönchskutten. Damit erkennt man Euch nicht so leicht.

Fragt nicht. und nun fort von hier! Passt auf Euch auf.

Was zum..? Danke. Warum macht Ihr das?

Weit öffnet sich das Moseltal.
in der Ebene liegt die freie und kurfürstliche Reichsstadt Trier,
das Ziel zweier einsamer Pilger...

Aua, diese Kutten kratzen ja fürchterlich!
Das ist gar nichts für meine empfindliche Haut.

Ein bisschen Buße durch das
Priestergewand tut Dir ganz gut.

So Wendel, und nun denk
dran, von jetzt ab nur
noch „Bruder Veit".

Achtung jetzt! Hoffentlich haben wir Glück und
die Wachen kontrollieren bei dem Gedränge nicht so genau.

Na, die scheinen heute
andere Probleme zu haben.

15

Unbehelligt gelangen sie durch
die Porta Nigra* in die Stadt.

Na also,
das ging gut.
Aber wohin nun?
Wie finden wir
den Hutten?

Lasst mich nur machen.
Als Spielmann kennt man überall
Leute, die wissen, was in der
Stadt vor sich geht.
Folgt mir nur.

Mühsam bahnen sie sich den Weg durch das
Gewirr der Altstadtgassen. Immer enger und
ärmlicher wird die Umgebung - allerdings
auch immer lauter und bunter...

Wartet hier einen
Moment.

*Porta Nigra. Um 180 n. Chr. von den Römern erbautes Stadttor und
nördlicher Zugang zur Stadt. Teil der ehemaligen Befestigungsanlage.
Bis heute das Wahrzeichen Triers.

16

In der Herberge werden misstrauische Blicke gewechselt. Priester! Hier?!
Mürrisch weist ihnen der Wirt den Weg zu einem Zimmer im oberen Geschoss.

Verschlafen
schaut ihnen
die Stadtwache
nach, als sie
langsam aus
dem Tor reiten.
Fragen werden
nicht gestellt.

In diesen Zeiten
sieht man Fremde
sowieso lieber
gehen als
kommen.

Ahh, frei wie der Wind, der durch
die Blätter streift und über die Hügel wandert.
Freiheit, die einem das Herz weitet
und die Welt umschließt.
Wenn es doch überall so wäre!

Der Mensch muss frei sein,
frei von den Zwängen der
Fürsten und römischen Pfaffen,
frei von den Dogmen
und alten Lehren!

Ha, ha - Ja, Herr Veit, schaut nur.
Habt Ihr noch nichts von der neuen reformatorischen
Lehre, von dem Doktor Luther gehört? Habt Ihr noch
nichts gehört vom Bündnis der Reichsritterschaft
gegen die großen Fürsten und geistlichen Herren,
dem schmarotzenden römischen Klerus?

Ja, schon... gehört. Aber bislang
hatte ich anderes zu tun.

Na, wenn schon.
Ihr kommt ja auch aus
dem niederen Adel.

Da werdet Ihr ja über die Jahre gemerkt haben,
wie die grossen Fürsten immer mächtiger geworden sind.
Sie schnüren uns immer weiter ein und drücken
das freie Reichsrittertum zu Vasallen herab.

In den letzten Jahren
war ich in kaiserlichen
Kriegsdiensten
unterwegs.

21

Am schlimmsten sind die geistlichen Fürsten, die Bischöfe und Erzbischöfe mit ihrem parasitären Huren-Papst in Rom!

Und ihrem gottlosen Ablasshandel. Denen gehört ein wenig der Kopf gelüftet, so dass der Verstand herein kann!

Was habt Ihr vor?

Es wird ein grosses Spiel anheben! Wir wollen unter des Kaisers Schutz die grossen Fürsten ganz abtun. Auch die freien Reichsstädte leiden unter ihnen. Daher traf ich mich ja Gestern mit dem Rat von Trier. Wir brauchen ein Bündnis, am besten noch mit der Bauernschaft.

Mit der Bauernschaft?

Ja, gewiss! Die gänzliche Freiheit eines Christenmenschen bedarf des gemeinen Mannes. Dazu gehört die neue lutherische Lehre.

Nun versteh ich bald gar nichts mehr. Was hat dies alles mit mir und meiner Suche nach Gerechtigkeit zu tun?

Vielleicht sehr viel. Ich werde Euch zu einem Mann bringen, der der Garant für Recht und Gerechtigkeit ist und: Er ist der Garant dafür, dies auch militärisch durchsetzen zu können.

Ein Freigeist und weltlicher Gönner, der seine Burgen der neuen Zeit geöffnet hat. Er führt unsere Bewegung an. Und er hat eine persönliche Abneigung gegen den Bischof von Trier.

Nun ahne ich doch, wen Ihr meint, es ist...

Ja, Herr Veit. Es ist Franz von Sickingen!

Zwei Tagesritte sind vergangen, da plötzlich...

Die Ebernburg! Der Stammsitz derer von Sickingen. Ich wette, wir werden bereits erwartet. Vorwärts!

Voller Vorfreude geben sie ihren Pferden die Sporen und reiten in vollem Galopp durch das letzte Stück Wald. Wie aus dem Nichts bricht plötzlich ein gewaltiger Keiler aus dem Unterholz und rennt wie blind in Veits Pferd hinein. Veit stürzt und schon ist das rasende Tier über ihm. Gefährlich blitzt es aus seinen gelben Augen, Schaum spritzt ihm vom Maul. Seine messerspitzen Hauer sind eine furchtbare Waffe, bereit alles zu zerreißen...

Ein Sirren, ein schneller Schatten -
mit voller Wucht fährt ein
Jagdspieß in den Keiler,
der tödlich getroffen
Veit unter sich begräbt..
Auf der Lichtung erscheint
unter lautem Jubelgeschrei
ein Jagdtrupp...

*Jeaaah!
Blattschuss!
Endlich haben wir ihn!*

*Erlaubt mir, Euch aufzuhelfen.
Unfreiwillig habt Ihr zu unserem
Jagdglück beigetragen.
Dank dafür!*

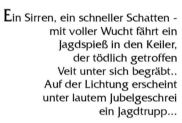

Hinter dem Burschen sind wir schon den ganzen Nachmittag her, drei Hunde hat er auf dem Gewissen. Ein Prachtkerl!

He, Franz...

Hallo, da ist ja Hutten, altes Gestell! Mensch, wen hast Du uns denn da mitgebracht?

Darf ich Dir meine Begleitung vorstellen? Reichsritter Hauptmann Veit.

Na aber, sehr angenehm! Ulrichs Freunde sind auch meine Freunde. Verzeihung der Herr: Sickingen mein Name, Franz.

Ach herrjeh! Was für eine Begrüßung.

So kommt denn auf die Burg, Ulrich, ihr habt mir bestimmt Einiges zu berichten?!

Macht mir das Vergnügen, Herr Veit, und seid mein Gast. Ich rechne fest mit Euch, heute abend, beim Tottrinken des Keilers!

26

Weithin dringt Lärm und lautes Lachen -
wieder einmal erlebt die Ebernburg
eines jener ausgelassenen und rauschhaften Feste,
für die der Hausherr weithin bekannt ist.

Auf ein Wort, Hauptmann.
Gehen wir doch ein
wenig nach draußen,
da sind wir ungestört.

Freund Hutten hat mir Euren
Fall geschildert.
Ihr wollt also Euer Recht und Eure Ehre vor
dem Reichsgericht wiederhergestellt sehen.

Den Mordfall selbst kann ich nicht
beurteilen, aber ich vertraue auf Euer Wort.

Ihr habt Euch viel Zeit gelassen, Hauptmann Raven!

In den Kirchen mag die Zeit ja stillstehen. Ich aber habe auch noch Anderes zu tun, als Euch einen Besuch abzustatten. —

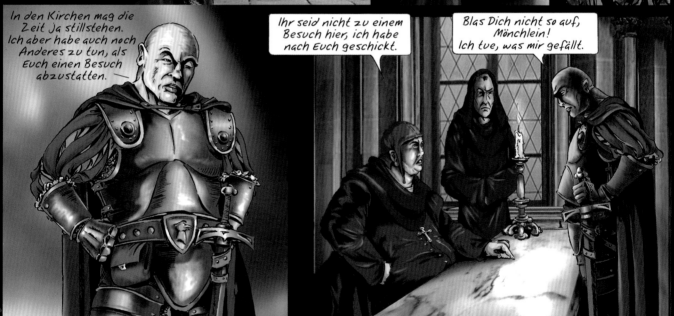

Ihr seid nicht zu einem Besuch hier, ich habe nach Euch geschickt.

Blas Dich nicht so auf, Mönchlein! Ich tue, was mir gefällt.

Wie redet Ihr mit dem ehrwürdigen Abt? Wollt Ihr Euch versündigen?

Wer hat Dich gefragt, Du Laus! Pass auf, dass Dir deine lose Zunge nicht vor die Füsse fällt. ! Willst Du Blut schmecken?

So wie jüngst die gräfliche Familie Eures ehemaligen Freundes Veit, die Ihr gemordet und deren Burg Ihr gebrandschatzt habt?!

Na, da wisst Ihr ja Bescheid!

Allerdings! Und jeder weiss, welch schwere Sünde Ihr begangen habt. Dafür ist Euch das Fegefeuer gewiss, Ihr werdet brennen!

Das Fegefeuer? Wa...was? Nein! Ich tat es doch für den Kaiser. Veit ist schließlich des Mordes angeklagt und vogelfrei, seine Sippe somit ebenfalls.

Nichts dergleichen! Wer hier gemordet hat ist längst nicht entschieden. Ihr habt völlig eigensüchtig gehandelt, ohne irgendeine Legitimation. Die ewigen Höllenqualen sind Euch gewiss!

Nein! Nicht das! Ehrwürden...nicht die Teufel!

Ja ja, nur nicht die Teufel... vergebt mir, mein Herr und Vater!

Auf die Knie, Hauptmann! Bereut! Ergebt Euch der Gnade der allerheiligen Kirche!

Vergebung erfordert Buße und.... Taten. Ihr müßt schon Euren Teil beitragen.

Meinen Teil? Damit mir meine Sünden vergeben werden? Was muss ich tun?

Nun, ob Euch die Grafschaft Eures Freundes Veit zufällt ist völlig offen. Da er aber als Mörder gesucht wird, ist das Gericht wohl eher Euch zugeneigt, zumal, wenn Euch dabei die Kirche unterstützt.

Bischof Richard von Trier wird Euch vor dem Reichsgericht vertreten. Er wird auch die Anklage im Namen des Reiches erheben. Er wird Euch die Grafschaft übereignen, jedenfalls die Hälfte.

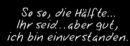
Was schlagt Ihr vor?

Die andere Hälfte erhält die Mutter Kirche. Dies ist ein angemessener Beitrag, sollten wir Euch Absolution erteilen können.

So so, die Hälfte... Ihr seid...aber gut, ich bin einverstanden.

So gehe denn hin, mein Sohn und sündige fortan nicht wieder. Es ist Dir vergeben, Amen!

Die Hälfte?

s ist der Sommer anno 1522.
Mächtig erheben sich die Türme des alten Doms zu Speyer,
weithin sichtbares und ehrfurchteinflössendes Wahrzeichen
der alten Reichsstadt.

Das Ereignis des Jahres, die Tagung des Reichskammergerichtes,
lockt tausende Schaulustige, Händler und Gaukler an und
ist Anlass für ein großes Fest. Auch manch zwielichtiges Volk
drängt sich in den Gassen und sucht seinen Vorteil. Alles ist mit
bunten Fahnen und Girlanden geschmückt. Die Bürger hängen Tücher
und Bänder auf und stellen kostbares Geschirr in ihre Fenster.
Auf die Strassen werden die schönsten Blumen gestreut.

Mit unvergleichlichem Gepränge und großem Gefolge halten
die Mächtigen des Reiches, die Fürsten und Adelsvertreter Einzug.
Ihnen folgen die Abgesandten und Vertreter der Stände.

Auch die Delegation mit Franz von Sickingen ist eingetroffen.

Folgt mir Freunde, hier gehts lang.

Herr von Sickingen? Der Herr
Kammerrichter wünscht Euch zu sehen.
Wenn Ihr mir bitte folgen würdet.

Gern.
Die üblichen Formalien und
Prozessrechtsregelungen.
Wir sehen uns nachher,
Freunde.

Ihr seid
erstaunt?

Ja, so groß,
so viele Leute,
Advokaten,
Dienerschaft.

Laßt nur. Auch hier wird nur
mit Wasser gekocht.
Ich kenne das von des Kaisers
Reichstagen. Einmal erhielt ich sogar
die nationale Dichterkrone aus
seiner Hand.* Seid Ihr nervös?

Na ja, immerhin geht es
heute um meinen Kopf.

Er wird schon auf den Schultern
bleiben. Vertraut auf Franz.

34

Unvermittelt steht ihnen Raven gegenüber...

Sieh an, der Mordbube und sein Knecht!

Dein großes Maul wirst Du heute noch verlieren, Du, Du ...

Spar Dir Deinen Speichel für nachher, Du großer Redner.
Ach, da ist ja auch mein alter Freund Wolf!*
Was macht denn auch immer die Hand?

Ich zeig Euch, was die macht... !!

He, wollt Ihr hier einen Mord begehen, vor aller Augen?

Du könntest mir keinen größeren Gefallen tun, als mich anzugreifen, dann wärt Ihr gleich hier erledigt. Na los!

Lass das!
Halte Dich im Zaum!
Der kriegt nachher noch, was er verdient.
Dein Kopf wird rollen, Veit, soviel ist gewiss!

Ein bißchen zu siegesgewiss, merkwürdig ... !
Nun, wir werden sehen.

* s. Band 1: „BlutBruder".
In einem Zweikampf mit Veit verlor Wolf seine linke Hand

35

36

Wir sind zusammengekommen, um über den gewaltsamen Tod des Reichsfürsten Heinrich, den Schwager des Kaisers zu beraten.
Das Wort hat der Vertreter des Reiches, der Herr Erzbischof und Kurfürst von Trier, der hochwohlgeborene Richard von Greiffenklau!

Ehrwürdiges Gericht. Nichts hat die Nation in jüngster Zeit so bewegt, wie dieser abscheuliche Mord, begangen in der Festung Mannstein im Zuge der französichen Belagerung im Frühsommer dieses Jahres. *

Reichsfürst Heinrich befehligte dort die Verteidigung. Hierüber geriet er mit einem seiner Hauptleute in Streit. Besagter Hauptmann Veit verweigerte offen seine Gefolgschaft, worauf ...

...Fürst Heinrich ihn der Meuterei bezichtigte und vor ein Standgericht bringen wollte. Um sich diesem zu entziehen, erstach ihn Hauptmann Veit heimtückisch. Als Zeuge benenne ich den damals anwesenden Hauptmann Raven.

* s. Band 1, „BlutBruder"

37

38

40

So holt ihn Euch, hochverehrter Kuttenträger! Ich hätte nicht wenig Lust, Euch gleich hier ein wenig das Mützchen zu lüpfen!

Ihr werdet nicht weit kommen, Franz. Sacum Imperium! * Das kann der Kaiser nicht billigen!

Auf bald, Richard! Es wird wohl ein großes Spiel anheben. Wir sehen uns bald wieder!

Sie stürmen aus dem Saal und noch ehe die verdutzen Wachen reagieren können, haben sie ihre Pferde erreicht und galoppieren aus der Stadt.

Wir habens geschafft! Niemand folgt uns.

* Das Reich ist heilig!

41

Zurück auf der Ebernburg.
In scharfem Galopp reiten sie in den Vorhof ein.

Schickt Boten an die Verbündeten, sie sollen uns so schnell es geht zuziehen. Wir müssen eiligst Kriegsknechte werben, besorgt Geschütz und Pulver aus allen Burgen. In vier Wochen beginnen wir den Feldzug!

Auf ein Wort, Herr Franz.
Ist dies nicht zu voreilig?
Unsere Bündnisse sind noch
sehr locker, die Städte sind
noch unentschieden.

Deswegen wird sie ja gerade die mutige und
entschiedene Tat mitreissen. Sollen wir ewig warten?
Wir werden Trier erobern.
Mit diesem festen Stützpunkt wird uns die gesamte
Bewegung zuziehen.

Warum nicht noch ein
wenig warten und uns
in Ruhe verstärken?

Mein guter Kaplan Bucer.
Immer so besorgt.
Glaubst Du denn,
der Feind würde schlafen?

Die Fürsten sind eigensüchtig
und beschränken des Kaisers Macht
wo sie nur können. Warum sollte er auf
ihrer Seite stehen? Nein, nein - es bleibt dabei.
In vier Wochen marschieren wir!

Es geht um die Neuordnung des Reiches!
Um die Freiheit von Rom!
Die Glatzen* und großen Fürsten müssen ganz
abgetan werden! Es geht um einen freien
Reichsritterstand, mit dem Kaiser als Herrn.

Große Worte allein
gewinnen nicht den Krieg.
Zusammen sind die Fürsten
mächtig und der Kaiser...

* Schimpfwort für geistliche Würdenträger.

44

Der Herbst zeigt bereits seine Farben, als in der großen Ebene zum Fuße der Ebernburg die Truppen Sickingens zum Heerzug antreten.

Nun, Hauptmann Veit, auf nach Trier! Seid heute mein Hauptmann für die gerechte Sache.

Gern. Leider sind ja nicht viele Verbündete gekommen.

Wir haben 5000 Fußknechte und fast 1500 Reiter. Auch das Geschütz ist recht ordentlich. Das sollte reichen.

Wir werden uns zunächst St. Wendels bemächtigen, dort gibt es guten Proviant. Vielleicht können wir Bischof Richard überraschen und danach Trier im Sturm nehmen.

Das glaube ich kaum.
Der Bischof ist sicher gewarnt.
Wir werden sehen.

Der Marsch beginnt.
Wie ein langer Lindwurm zieht sich das Heer durch die Täler.
Ihm folgt ein noch größerer Troß aus Versorgungswagen,
mit Handwerkern, Schanzknechten, Badern, Frauen und
Kindern, oft ganzen Familien, die mit den Landsknechten
mitziehen, sie versorgen und im Notfall auch pflegen.

Tatsächlich gelingt die Eroberung von St. Wendel innerhalb von 2 Tagen.
Nachdem die Vorräte ergänzt sind, lässt Sickingen das Heer nach kurzer Rast weitermarschieren.
Nur eine kleine Besatzung bleibt zurück.
Auch Blieskastel wird eingenommen, wie St.Wendel, eine kurtrierische Stadt.

3 Tage später stehen sie vor Trier.

Unser Ziel, meine Herren!
Mit Gottes Hilfe wird
die Stadt bald unser sein!

Entgegen Sickingens Hoffnung haben die mit ihm
sympathisierenden Bürger jedoch die Tore nicht geöffnet.
Stattdessen sind alle Zinnen mit Bewaffneten besetzt.
Ein Kanonenschuss ist ihr
Willkommensgruß...

Verdammt!
Mit der überraschung ist es nichts.
Jetzt müssen wir die Stadt
einschließen und belagern.

47

Fieberhaft beginnt unter schwerem Beschuss aus der Stadt die Schanzung.

Ein paar Tage später ist es soweit: Der Beschuss der Stadt beginnt mit konzentriertem und ohrenbetäubendem Feuer. Beißender Rauch von Schwarzpulver sticht in Augen und Lungen.

Verdammt dicke Mauern, das wird seine Zeit brauchen. Seht einmal, Ritter Franz, wer da auf den Zinnen steht!

Hauptmann Raven! Na, ist er jetzt auch militärisch Euer Widerpart. Er scheint die Verteidigung dieses Abschnittes zu befehligen.

Mit Glück trifft ihn eine unserer Kugeln...

Tage vergehen, aber dann...

Hurrah!
Rührt die Trommeln!
Das Kriegsvolk angetreten zum Sturm! Auf, auf, hindurch!

Der Sturm beginnt...

Unter lautem Sturmgeschrei greifen die
Landsknechte in geschlossener Formation an!
Ein Wald von Spiessen senkt sich gegen die Verteidiger...

So kraftvoll der Angriff auch ist, die Verteidiger wehren sich verbissen. Nur unter großen Mühen durchbrechen die ersten Kämpfer die Maueröffnung.

Endlich gelingt es, in die
Stadt einzudringen.
Aber die Verteidiger haben
umsichtig geplant.
Überall in den engen Gassen
haben sie Barrikaden errichtet,
die sie nun erbittert verteidigen.
Jetzt beginnt der eigentliche,
der furchtbare Nahkampf,
das rauschhafte Grauen, dass
alle Sinne gefangen nimmt und
alles Denken auslöscht.
Wo der Mensch zum Wolf wird
und alle Instinkte nur noch auf
das nackte Überleben und auf
das Töten gerichtet sind.
Wo er Blut schmeckt.

Zwischen den Schreien, dem
Krachen, Bersten und Klirren
der Waffen, zwischen Feuer
und beissendem Qualm erblickt
Veit für einen kurzen Moment
Raven, der wie ein Rasender
kämpft und offenbar die
Verteidiger anführt.

Doch schon im nächsten Moment verschwimmt das Bild wieder mit der grausamen Realität des Kampfes - und Veit ist nun endgültig ein Teil davon.

Müde und abgekämpft verlassen sie die Stadt.
Der Kampfesmut ist verflogen.

Brav gekämpft, Hauptmann –
und doch umsonst!
Ich habe soeben Kunde erhalten, dass
uns der Feind mit überlegenen Kräften
einkreisen will. Wir müssen zurück.

Aber nur noch
einen Sturm,
dann ist die
Stadt unser!

Fast 30.000 Mann haben die
Fürsten der Pfalz und Hessens
gegen uns aufgebracht.
Da haben wir keine Chance.
Wir könnten die Stadt
gar nicht halten.

Und nun?

Geordneter Rückzug auf unsere Burgen.
Noch ist nicht aller Tage Abend!

Verdammt!
Ihr hattet recht, ich habe
zu früh losgeschlagen.

Aber machen kann er nichts. Der Winter steht vor der Tür.
Da kann er kein starkes Geschütz heranführen.
Bis zum Frühjahr wird nichts geschehen.

Nun frohlockt
der Feind und
seine Späher
umschleichen
bereits meine
Burgen.

Schon wahr,
aber mein Heer
muß ich entlassen.
Soviel Platz
haben die
Burgen nicht,
und kosten tut
es auch zuviel.

Wir werden den Winter nutzen.
Wir werden überall im Reich für
unsere Sache werben.. wir werden
die Verbündeten aufrütteln!

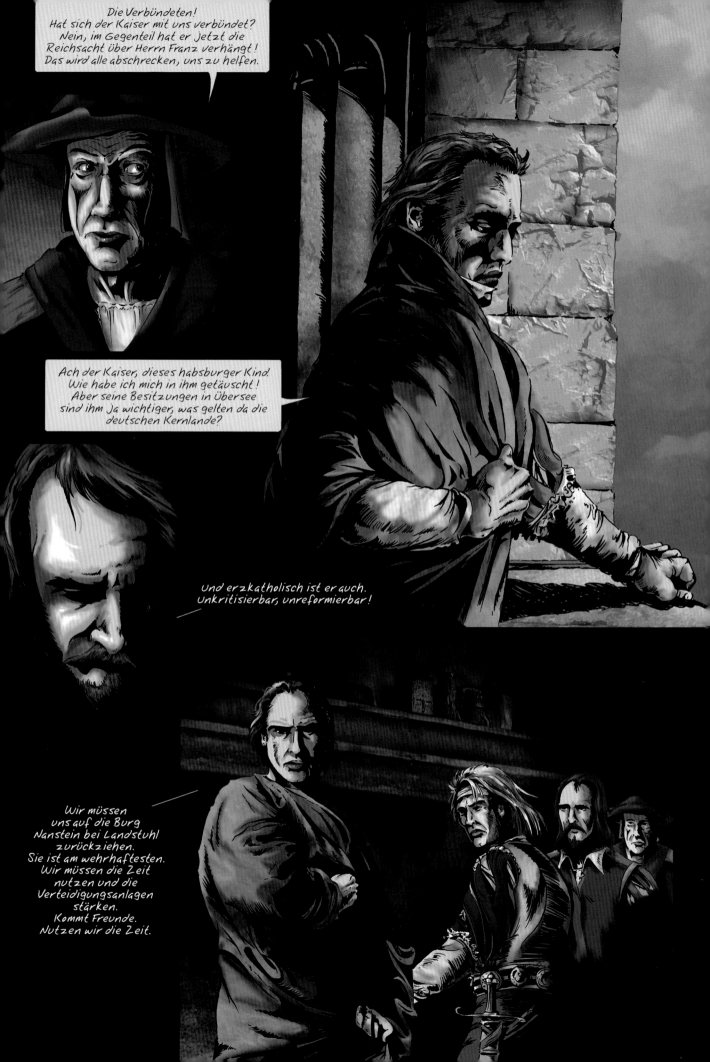

er Winter kommt früh in diesem
Jahr 1522. Wie ein Märchenschloss
liegt Burg Nanstein in der
herrlichen Winterlandschaft, ihr zu Füßen
das kleine Städtchen Landstuhl. Tiefster Frieden
scheint über dem Land zu liegen...

Auf der Burg herrscht allerdings eine rege
Betriebsamkeit. Zurüstungen erfolgen mit
allen brauchbaren Waffen aus den anderen
Burgen Sickingens. Trotz der Witterung gönnt
man sich auch bei den Verstärkungsbauten an
den äußeren Mauern keinerlei Pause.

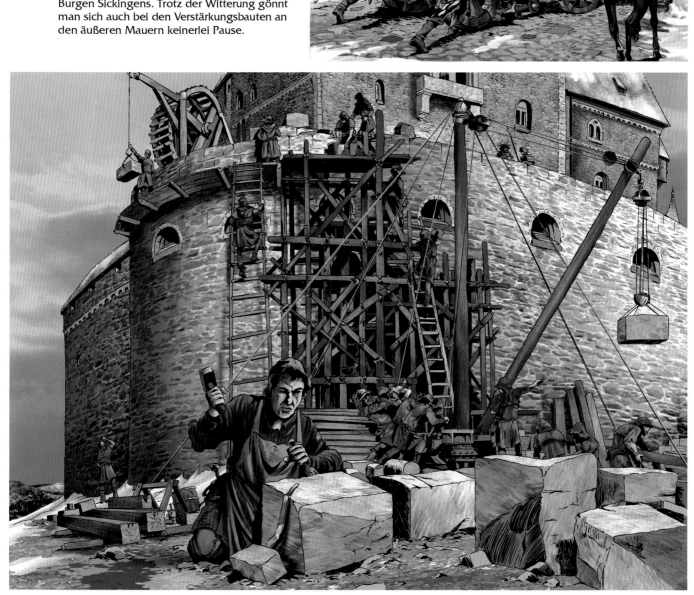

Trotz aller Arbeit sind die Tage und Nächte auch angefüllt mit Disputen und Streitgesprächen. Seit langem schon sind die Burgen Sickingens zur Heimstatt vieler freigeistiger Theologen und Humanisten geworden.*
Die gesellschaftlichen Missstände, die kirchlichen und theologischen Fragen fordern zu ständigen Disputen heraus. Oft geht der Streit auch nur einfach darum, wer die Bibeltexte am besten auszulegen vermag.

*Bekannte Persönlichkeiten waren neben dem Burgkaplan Martin Bucer die Reformatoren: Johannes Oekolampad, Johann Schwebel, Kaspar Aquilar.

Die bedrohlichen Umstände können der Lebensart Sickingens nichts anhaben.
„Wir wollen lieben, lachen und kämpfen als freie Männer, der Feind wird daran nichts ändern!"

Doch immer mehr zieht sich der Ring der Feinde um die Burg zusammen - immer öfter kommt es zu einzelnen Scharmützeln kleinerer Trupps.

Was allerdings keineswegs die gute Laune der Freunde in fröhlichen Jagdrunden trübt. „Besser das Leben riskieren, als auf einen guten Braten verzichten!"

In einiger Entfernung ist leise ein Reitertrupp am Waldrand erschienen.
Voller Grimm verfolgt Raven das Geschehen.

So so, der Fuchs ist also in seinem Bau und lebt recht flott.

Na, das wird sich bald ändern. Die Schlinge zieht sich zu. Es wird Köpfe regnen!

Während der langen dunklen Nächte des Winters herrscht in der Burgdruckerei eine rege Aktivität.

Seht her, Herr Veit. Die „göttliche Wahrheit! Die allgemeine Freiheit."

Wunderbar! Eine Schrift an die Bauernschaft?

Nicht nur. Jeder im Reich kann das verstehen. Kein zerrissenes Land mehr, eine neue Reichsreform. Das Volk ist der Souverän, es wählt seine Fürsten selbst!

Ihr glaubt immer noch an ein Bündnis?

Aber ja! Warum sollten sich die Städte und die Bauernschaft nicht mit uns Rittern verbünden wollen?

Mit Euch schon, Herr Hutten. Aber haben nicht gerade die Städte mit dem raubritterlichen Kleinadel schlechte Erfahrungen gemacht? Von der Bauernschaft ganz zu schweigen! Die leidet doch unter dem Adelsherrn oft schlimmer als das Vieh!

Die lasterhafte römische Kirche ist Jedermanns Feind! Freiheit muss das Äußerste wagen!

Nun, wollen wir hoffen, dass die Zeit dafür schon reif ist!

Schon Morgen werde ich nach Württemberg aufbrechen und für unsere Sache werben!

Ein Page erscheint.

Verzeihung, Herr Veit, Hier ist Jemand für Euch.

Wendel! Das glaub ich ja nicht! Wie schön, was führt Dich her?

Ich habe Nachricht vom Kloster. Eure Schwester hat im letzten Monat entbunden. Es ist ein Sohn!

Was? Ein Kind? Sie war schwanger?
Von wem...? Von...Raven?! Oh, mein Gott! Natürlich! Nur er kann es ja gewesen sein! Wie geht es ihr?

Gut soweit, nur... sie möchte Euch sehen.

Oh, verdammt! Aber gut. Ich reite gleich morgen. Herr Sickingen wird dafür Verständnis haben.

Am nächsten Tag kommt es in aller Frühe zum Abschied.

So lebt denn wohl, liebe Freunde. Seid auf der Hut, der Feind ist schon recht nah.

Ulrich, bleib der Burg fern. Deine Waffe ist das Wort. Damit hilfst Du uns am besten. Wirb' für unsere Sache!

Dank für alles, Franz. Gern lass ich Dich nicht zurück.

Das Glück ist leider nur kurz mit denen, die mit den Vögeln ziehen. Leb wohl!

Ein kurzes Stück reiten Veit und Hutten zusammen, dann trennen sich auch ihre Wege. Während sich Hutten nach Süddeutschland wendet, um die Unterstützung bei den Verbündeten Rittern und Städten einzufordern, macht sich Veit auf den Weg zum Kloster seiner Schwester.
Obwohl sich vielerorts bereits der Frühling ankündigt, hält sich in manchen Landstrichen noch hartnäckig der Schnee und erschwert so das Fortkommen.

So erreicht Veit erst nach einer guten Woche das Kloster.
Im Schutze der tiefen Nacht bleibt er unbemerkt.
Vorsichtig schleicht er zum Frauentrakt.
Dort brennt Licht...

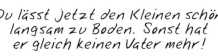

Du lässt jetzt den Kleinen schön langsam zu Boden. Sonst hat er gleich keinen Vater mehr!

Aufhören! Waffen weg! Ihr seid hier im Hause des Herrn!

Wollt Ihr Ihn freveln?

Resolut nutzt die Mutter Oberin Ravens Verwirrung aus.

Und nun hinaus mit Euch, Hauptmann Raven! Ihr geht zuerst. Hinaus, oder Ihr versündigt Euch.

Veit, ich hatte so auf Dich gewartet..

Du nimmst mir nicht mein Kind!

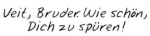

Aber ich komme wieder, verlasst Euch drauf!

Veit, Bruder. Wie schön, Dich zu spüren!

Wie geht es Dir?

Ich muss dankbar sein. Die Mutter Oberin ist sehr gut zu uns.

Hallo Kleiner, willkommen. Wie schön er ist. Ich finde, er sieht Raven überhaupt nicht ähnlich.

Herr Veit, auch Ihr könnt hier nicht bleiben. Nehmt aber den Seitenausgang, Herr Raven ist bestimmt noch nicht weit.

Wenigstens weiss ich, dass es Dir und dem Kind gutgeht. Wir halten über Wendel Kontakt, ja? Ich komme bald wieder, leb wohl!

Bei seiner Rückkehr erlebt Veit eine böse Überraschung. Burg Nanstein steht in Flammen, und auch die Stadt Landstuhl brennt. Sehr viel früher als erwartet hat der Feind mit starken Kräften angegriffen!

In der Stadt herrscht das totale Chaos.
Eine wilde Soldateska verwüstet den Ort.
Der Widerstand ist hier gänzlich gebrochen.

71

Die Burg aber wird trotz heftiger Angriffe erbittert verteidigt.
Der Beschuss durch großkalibrige Kanonen hat allerdings
bereits schwere Schäden verursacht und auch die vorgelagerte
Geschützbastion fast gänzlich zerstört. Verzweifelt sucht Veit
nach einer Möglichkeit, um in die Burg zu gelangen.

Da erblickt er ein klaffendes Loch im oberen Teil der
Verteidigungsmauer zwischen der Stadt und der Burg, vielleicht
dass sich hier etwas machen lässt...?
Vorsichtig schleicht er sich näher heran. Eine Geschützstellung
verstellt allerdings den Weg, unbemerkt kann er hier nicht vorbei.

Durch ein kleines Wäldchen gut gedeckt durchdenkt Veit seine Möglichkeiten. Ein Plan reift in ihm.
Die Bedienmannschaft scheint so mit ihrer Arbeit an dem Geschütz beschäftigt, dass sie seine Anwesenheit vielleicht gar nicht bemerken wird. Wenn es ihm nur gelänge, weit genug unbemerkt vorbeizukommen, so müßte er eine Chance haben, aufzusitzen und das Mauerloch zu erreichen.

Kurz entschlossen wirft er sich seinen Mantel über, greift sein Pferd am Zügel und marschiert, scheinbar ein einfacher Landsknecht, in Richtung Kanone.
Da scheint ihm das Herz für einen Moment auszusetzen - Raven und sein Knappe Wolf kommen ihm zu Pferde direkt entgegen! Verdammt! War er blind?
Jetzt ist es für eine Umkehr zu spät.

Eiskalt läuft es ihm den Rücken hinab - jetzt eine falsche Bewegung, und es ist aus!

Glück gehabt! Doch was ist das? Offenes Feuer und verstreutes Pulver?

73

Welch eine Gelegenheit! Ohne lange Überlegung stößt Veit das Feuer in einen kleinen Pulverhaufen.

So schnell er kann springt er aufs Pferd...

...und galoppiert in vollem Lauf durch die Maueröffnung.
Wie ein Schlag trifft ihn die Druckwelle der Explosion im Rücken,
während hinter ihm die gesamte Stellung durch
die gewaltige Detonation buchstäblich in die Luft fliegt.

Jubelnd empfängt ihn die Burgbesatzung.

Herr Franz...!

Das war ja ein tolles Bubenstück! Gut, dass Ihr wieder da seid Veit! Wir brauchen jeden Mann! Der Feind hat schwere Stücke aufgefahren.

Wie zur Bestätigung seiner Worte schlägt eine Kugel ein.

Seit zwei Tagen spucken sie nun schon herüber. Den schweren Turm haben sie bereits zerschossen. All unser weitreichendes Geschütz ist zerborsten.

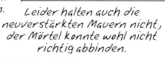

Leider halten auch die neuverstärkten Mauern nicht, der Mörtel konnte wohl nicht richtig abbinden.

Nun macht nicht so ein Gesicht. Zu sterben werden wir ja wohl noch verstehen! Auf Euer Wohl!

Herrjeh!

Unvermittelt detoniert ein schwerer Einschlag direkt auf der Brüstung. Die Wucht ist so stark, dass Sickingen in die hinter ihm liegenden spitzen Hölzer geschleudert wird!

Helft! Bringt Herrn Franz ins Burggewölbe, rasch!

Wie geht es Euch, Franz?

Ooooh, wie das brennt! Wasser, meine Lippen sind ganz trocken.

Bleibt ruhig, bewegt Euch nicht.

Vorsichtig tragen die Getreuen Sickingen ins Burggewölbe hinab
und versorgen ihn so gut es geht. Am Tag darauf...

Franz, bleibt liegen, das kann Euch das Leben kosten.

Ach, Hauptmann, es ist soweit.

Ein alter Bekannter hat sich für heute angesagt.
Er will nun nicht mehr länger warten...

Ihr müsst leben, Franz!
Wir brauchen Euch.

Nein, Veit. Ich weiss, wie es
um mich steht.
Der Kampf ist verloren.
Viel Zeit bleibt nicht mehr.

sie mir nicht veweigern.

Es gehen Boten hin und her und kurze Zeit später
treten die siegesgewissen Gegner ein.
Diesen Moment wollen sie sich nicht entgehen lassen.

Die Fürstlichen und
Kurfürstlichen Gnaden von Hessen,
von Trier und der Pfalz!
Der Feldhauptmann Raven!

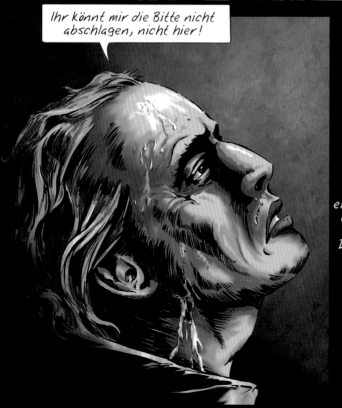

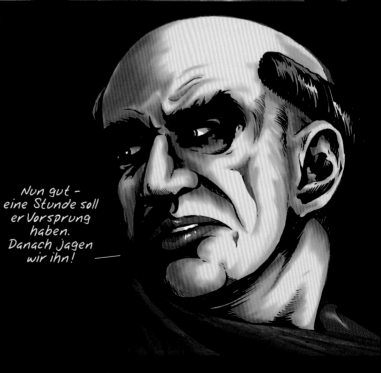

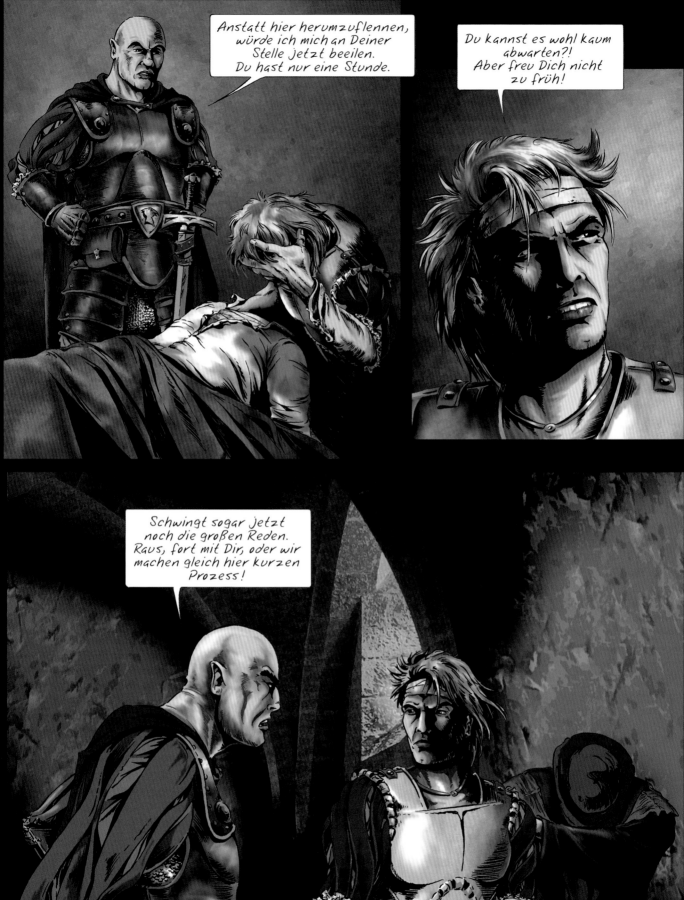

Dacht ichs mir doch, die Stunde warten sie nicht ab.

Aber heute ist noch nicht mein Todestag. Vorwärts!

it dem Tod Franz von Sickingens, im April 1523, dem „letzten Ritter" stirbt die sog. Adelsrevolte. Die Zeit der freien Reichsritter glänzte mit ihm noch einmal, das letzte Mal, blendend auf, bevor sie für immer verlosch. Ihrer Zeit eigentlich schon nicht mehr gemäß und in der Ausführung zu früh, hätte sie kurze Zeit später im Bündnis mit den großen Bewegungen des Bauern- krieges diesem militärische Struktur und Durchschlags- kraft geben können. Ulrich von Hutten stirbt kurz danach auf der Flucht, völlig mittellos und von allen Freunden verlassen, auf der Insel Ufernau im Züricher See.

DIE SAGA

HAUPTMANN VEIT

FRANZ VON SICKINGEN

(1481-1523)

„Wahrlich, eine grössere Seele gibt es nicht in Deutschland".

Dieser Ausspruch seines Freundes Ulrich von Hutten charakterisiert ziemlich genau die Stellung, die der freie Reichsritter Sickingen für den reformatorischen Teil seiner Zeitgenossen besaß. Aufgewachsen im Nahetal in der Pfalz, Besitzer mehrerer Schlösser, ertragreicher Silberbergwerke und Quecksilbergruben, Ländereien und Weinberge. Von Haus aus also nicht gerade arm, verstand es Ritter Franz, seine ritterlichen Dienste mal dem König von Frankreich, Franz I, mal dem deutschen Kaiser Maximilian und dessen Nachfolger Karl V. anzudienen und sich in klingender Münze auszahlen zu lassen. Auch das damals zwar nicht gesetzliche, aber immer noch durchaus übliche Fehderecht betrieb er in grossem Umfang, sehr zu seinem Vorteil. Gern übernahm er auch Fehden gegen Hilfeersuchen. So z.B. 1518, als er im Namen einiger Verwandter, die sich drangsaliert und übervorteilt sahen, zu einer Fehde gegen den Landgrafen Philipp von Hessen auszog. Er belagerte Darmstadt und erzielte eine Entschädigungssumme von damals unerhörten 35.000 Gulden. Alles in allem war er also ein Mann von Einfluss und Ansehen, ein bekannter Truppenführer, ein kluger Unterhändler, tapfer und absolut integer.

War auch seine ganze Erscheinung noch vom Geist des Mittelalters geprägt, so war sein Blick dennoch offen für alle Strömungen der Zeit. Sickingen kannte das Leben der Bergknappen und Bauern aus seinem eigenen Herrschaftsbereich, er galt als guter Herr.

War er zunächst noch eingebunden in die mittelalterliche Denkweise eines Edelmannes, so änderte sich dies mit der Bekanntschaft des Freigeistes und Humanisten Ulrich von Hutten. Reichsritter wie er, begeisterte sich Hutten für die reformatorischen Ideen Martin Luthers, der Befreiung von der römischen Kirche und damit von den Bischöfen im weltlichen Fürstenrang. Die 7 grossen Fürsten und Kurfürsten des Deutschen Reiches drangsalierten zunehmend den Kleinadel und Ritterstand Sickingens und zwangen diesen in Abhängigkeit. War der Kaiser einmal wieder abwesend aus deutschen Landen und kümmerte sich um seine zahlreichen auch überseeischen Besitzungen, so waren diese Großfürsten die eigentlichen Herrscher im Land. Einem Mann vom Zuschnitt eines Sickingen konnte dies nicht gefallen. Hutten gab seinem Vorgehen Sinn und Richtung.

Sickingen empfand mehr und mehr den Drang zu einschneidenden Reformen. Auf seinen „Burgen der Gerechtigkeit" ließ er lange vor Luthers Thesenanschlag bereits dessen kirchlichen Gottesdienst halten. Er liebte ein offenes Haus, eine freie Denkart, wo jeder willkommen war und in dem jeder solange leben, sagen und disputieren konnte, wie und was er wollte.

Im Jahre 1522 sammeln sich die deutschen Kleinadeligen zu einer Bewegung und wählen Sickingen zu ihrem Führer. Im Herbst 1522 schlägt er los. Mit einem Heer nimmt er St. Wendel im Sturm, belagert Trier, die Stadt des katholischen Erzbischofs, eines erklärten Gegners der Reformation. Seine Feinde ziehen ein für die damalige Zeit gewaltiges Heer von 30.000 Mann zusammen, da bleibt Sickingen nur der Rückzug. Von seinen Standesgenossen überwiegend schmählich im Stich gelassen, wird Sickingen im Frühjahr 1523 auf seiner Burg Nanstein bei Landstuhl in der Pfalz tödlich verwundet. Mit dieser imposanten Gestalt auf der Schneide zweier Zeitalter, dem Stimmführer und dem Haupt der Reichsritterschaft, diesem Anarchisten und König seiner Burgen, strahlte die Gestalt eines Ritters noch einmal blendend auf, bevor sie für immer erlosch.

ERLEBBARE GESCHICHTE

Feeling History mit HauptmannVeit

Interview mit Lutz Nosofsky- geführt von Matthias Hofmann

Erschienen in „ZACK" 7/2011 (Auszüge)

Burg Nanstein
bei Landstuhl,
einst und
heute.

Die Ebernburg, Sickingens Stammsitz. Heute und 1523
bei ihrer Zerstörung. Weitere Burgen Sickingens waren
Burg Drachenfels und Hohenburg.

Ende 2010 erschien aus heiterem Himmel „BlutBruder", der erste Band der Serie Hauptmann Veit. Der Comic sorgte für eine positive Überraschung, denn er kann mit einer actionreichen, spannenden Story punkten und er vermittelt gleichzeitig deutsche Geschichte in anschaulicher, realistischer Weise. Kreativer Kopf des Ganzen ist Nofi. Nofi? Wer ist denn das? Dies fragten sich viele, denen der Name des Zeichners unbekannt war. Matthias Hofmann besuchte für ZACK den Künstler, der in Hamburg lebt und mit bürgerlichen Namen Lutz Nosofsky heißt.

Lutz Nosofsky ist kein klassischer Comiczeichner. Er ist einer von denen, die in ihrer langen Karriere schon sehr viel gezeichnet haben, aber da es sich dabei vornehmlich um Cartoons oder Aufträge für die Werbebranche handelte, wurde er von der Comic-Szene bislang fast nicht wahrgenommen. Was keiner weiss: Er hatte bereits in den 1970er Jahren für Gigi Spina und das ZACK aus dem Koralle Verlag kleinere Layout Arbeiten gemacht. Die Liste seiner bisherigen Auftraggeber ist imposant: Achterbahn, Axel Springer, Gruner & Jahr, Bastei, Heinrich Bauer, Rowohlt oder die Verlagsunion Pabel Moewig. Seine Cartoons und Comic-Strips erschienen in Magazinen wie Stern, Yuno, Bild am Sonntag, Neue Post, Tina oder der Fernsehwoche. Auch Unternehmen und Sender wie EMI, BMG, Deutsche AVIA, NDR, SAT 1, WDR oder ZDF stehen auf seiner Referenzenliste. Auf der anderen Seite hat er in den 1980er Jahren mit der Serie Zippe & Zack Comics produziert, die deutschlandweit im Zeitschriftenhandel vertrieben wurden.

Ein Besuch bei Nosofsky ist ein besonderes Erlebnis. Mit Comics ist er nicht reich geworden, wie er ganz klar betont. Trotzdem lebt er recht gut in einer alleinstehenden Villa mit einem großen Garten am Stadtrand von Hamburg. Diese beherbergte einst seine Grafikdesign-Agentur mit bis zu sieben Mitarbeitern. Nosofsky ist ein wahres Füllhorn an Ideen und Anekdoten. Die nachfolgenden Ausschnitte des Gedankenaustauschs zeigen einen kritischen Künstler, der keinen Hehl daraus macht, dass vieles, was er gezeichnet hat, reine Auftragsarbeiten waren. Der historische Comic Hauptmann Veit ist sein Traumprojekt, bei dem er sich erstmals 100%ig selbst einbringen und verwirklichen kann.

ZACK: *Lutz, habe ich das richtig gerechnet? Dieses Jahr wirst Du 60 Jahre alt?*

Das stimmt. Ich wurde geboren im Jahr 1951 im Marbach. Das ist eine schöne alte, mittelalterlich geprägte Stadt am Neckar im Landkreis Ludwigsburg. In dieser Stadt wurde auch Friedrich Schiller geboren. Mein Vater war im Kaffeehandel tätig, so wie bereits mein Großvater, der im Sudetengebiet eine der größten Im-und Exportfirmen besaß. Durch den Krieg ging alles verloren. Gegen Ende des Krieges war mein Vater in Marbach stationiert und lernte dort meine Mutter kennen. Die Versuche, dort wieder beruflich anzufangen waren schwierig, Kaffee z.B. wurde immer mit sehr großer Verzögerung angeliefert. Deshalb kamen wir 1956 nach Hamburg. Studiert habe ich dann in Braunschweig und Hamburg Industrial Design, wollte den Beruf aber nicht ausüben. So bin ich dann irgendwann bei einer Werbeagentur gelandet, das war damals mein Ding. Harte Produktwerbung, die ganze Palette vom Waschmittel bis zur Zigarette, auch das damalige, ja noch sehr handwerkliche Arbeiten, Rapidographen, Filzstifte, Color-Keys, Repros, die ganzen Scribbles, Layouts, das war alles schon toll. Allein das Thema Schrift war ein spezielles Kapitel für sich, kann man sich heute schlecht mehr vorstellen. Auf Dauer war das allerdings nichts für mich.

HAUPTMANN VEIT

Wie standest Du damals zu Comics?

Comics habe ich als Kind viel gelesen. Micky Maus, Donald und sein Carl Barks (!), Fix & Foxi, Wäscher habe ich auch gelesen. Aber Sigurd, Falk und wie sie hießen, sahen für mich alle gleich aus. Wer mir da als Zeichner besser gefallen hat, war Helmut Nickel, der diesen Robinson gezeichnet hat. Einfach klasse. Aber besonders gern natürlich Prinz Eisenherz, das war ja mehr als nur ein Comic. Da konnte man fast jedes Bild als Zeichnung an die Wand hängen. Aber damals waren Comics ja Schund. Mein Vater hat das nicht gerne gesehen, aber toleriert. Und meine Mutter hat meinem Bruder und mir immer Geld zugesteckt, damit wir die Hefte kaufen konnten. Wenn wir nicht aufpassten, hat mein Vater aber schon mal Comics verschwinden lassen. Ich hatte mal einen ganzen Ordner voll mit sortierten Comics an einen Freund verliehen. Dessen Vater hat das gesehen und alle zerrissen, weil er dachte, sie würden seinem Sohn gehören.

Was hast Du in den 1980er Jahren so gezeichnet?

Alles mögliche, speziell für die Musikbranche. Auch anderes, wie z.B. das Pillhuhn, als Auftragsarbeit. Die Figur war ein unheimlicher Erfolg. Es gab nicht nur Cartoon-Strips in der Programmzeitschrift Hörzu oder in der Bild am Sonntag, sondern auch T-Shirts, Tassen, Kaugummis, um ein Haar einen Hollywood-Film. Wir entwickelten auch ein Konzept für eine Comicserie für Bastei. Diese kauften zwar die Idee, aber machten dann etwas ganz anderes daraus. Die Comics wurden schließlich in Spanien gezeichnet und in Jugoslawien coloriert. Der Texter bekam für alles 250 Mark. Acht Hefte kamen damals auf den Markt. Von der Firma IPV, dem damaligen Vertrieb von Gruner & Jahr, kam die Idee für ein Comicprojekt. So entwickelte sich Zippe & Zack.

Das war eine Serie, die erschien Ende der 1980er Jahre. Zwei Softcoveralben wurden veröffentlicht, die über den Zeitschriftenhandel vertrieben wurden.

Ja. Zippe & Zack hatte eine Auflage von 50.000 Exemplaren pro Band. Das war eine völlig verrückte Produktion. Es gab keinen Lektor, wir konnten machen was wir wollten. So haben die Alben einen netten anarchischen Charakter. Das war meine erste richtige Berührung mit dem Comicmarkt.

Kannst Du noch was zum Produktionsprozess von damals erzählen?

Ich habe die Zeichnungen gemacht, die wurden dann handkoloriert. Dann ging alles zum Lithographen, der die Druckfilme herstellen musste, für ein Wahnsinnsgeld. Man muss sich vorstellen, dass früher ein DIN A4-Vierfarbscan im Schnitt 1500 Mark kostete. Das war aber ein analoger Scan, das heißt, du hast eine Aufnahme gemacht mit einer Maschine, die ging einmal quer durch diesen Raum. Dann gab es einen Scanner-Operator, das war ein eigenständiger Lehrberuf. Der hat drei bis vier Jahre gelernt und mit 7000 Mark angefangen. Die Maschinen haben bis zu einer Million gekostet. Das Ergebnis des Scans hat man erst über die Filme gesehen, bzw. im sog. Andruck. Und wenn der nichts war, musste man alles nochmal machen. Nicht wie heute: Datensatz aufrufen und schnell ändern. Die gesamte Produktion hat in der Litho damals 50.000 bis 60.000 Mark gekostet. Und der Druck fast nochmal so viel. Da war eine mehrstöckige Maschine, wo man heraufklettern konnte, mit der sie auch Zeitungen in Millionenauflage druckten. Unsere Auflage lief in ungefähr zehn Minuten durch. Um das überhaupt drucken zu können, musste man mindestens 10.000 Stück produzieren, damit es sich lohnt. Man hatte aber auf jeden Fall die hohen Vorkosten. Ob man jetzt 10.000 oder bis zu 50.000 Exemplare druckt, das war dann nur noch der Papierwert.

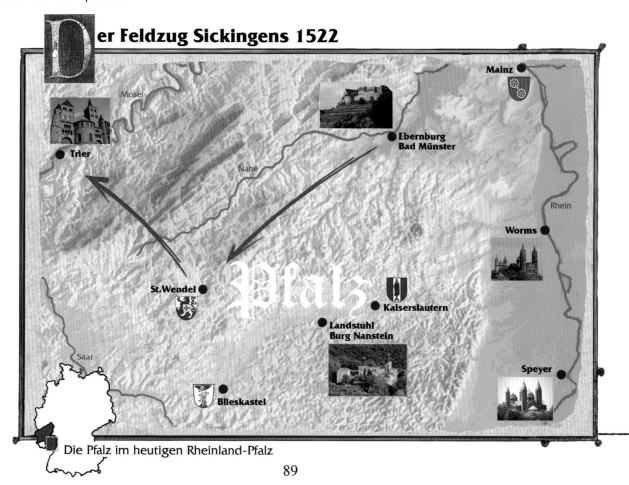

Der Feldzug Sickingens 1522

Die Pfalz im heutigen Rheinland-Pfalz

Titel-Illustration:
Bleistiftzeichnung, Federausführung,
teilweise coloriert.

Und bei Hauptmann Veit?

Hauptmann Veit ist ein Projekt, das ich über Jahre quasi nebenbei gemacht habe. Deshalb hat das so lange gedauert, über 30 Jahre bis der erste Band gedruckt wurde. Ich habe immer so viel zu tun gehabt mit Kundenaufträgen. Veit habe ich immer mal wieder aus der Schublade geholt und wollte dies Projekt nun endlich durchziehen. Einen Auftrag hatte ich nicht, somit auch keine Zwänge seitens eines Kunden. Ich produzierte ein fertiges Album und habe den Comic dann einigen Verlagen angeboten. Ich wollte erst mal herausfinden, wie die Branche heutzutage tickt. Wie fast erwartet, gab es nur freundliche Absagen. Im Prinzip braucht man heute aber dank moderner Technik und der stark gesunkenen Fertigungspreise und bedarfsgerechten Auflagen keinen Verlag mehr, sondern wesentlich einen Vertrieb, plus Marketing. Bei einem Verlag wird man mit vielleicht 5% beteiligt. Davon kann doch keiner leben bei den geringen Auflagen. Wenn ich ein Album wie Hauptmann Veit produziere, kostet ein Band ab einer gewissen Auflage im Druck gerade mal zwei, drei Euro. Der Verkaufspreis bleibt gleich. Mit der Marge kann man leben. Manchmal wünscht man sich allerdings schon Unterstützung und wäre froh, sich wesentlich auf die Artwork konzentrieren zu können. Der Einzige, der auf den Comic angesprungen ist, war Peter Poluda von PPM. Er war begeistert und meinte, dass ich die Serie auf jeden Fall produzieren sollte. Er hat mir noch den Tipp gegeben, die Geschichte mit Bonusmaterial zu erweitern. Wenn ich keinen Vertrieb gefunden hätte, dann hätte ich die Serie nicht gestartet. Der zweite Band behandelt ja Franz von Sickingen, spielt in der Pfalz und hat auch einen direkten Bezug zur Region. Da hat sich ein Pfälzer Vertrieb gemeldet, der kann vor Ort besondere Promotion dazu machen. Solche Leute braucht man. Nur die normalen Comicvertriebswege sind einfach zu wenig. Eine Auflage von 1.000 bis 2.000 Exemplaren für ein Comicalbum ist eigentlich ein Witz, auch wenn man später preiswertere Softcoveralben bringen kann. Der pfälzer Kontakt sagte zu mir: „Wissen Sie, 99,9 Prozent der Bevölkerung kommt heutzutage mit Comics gar nicht mehr in Kontakt. Wir haben einen weiten Markt vor uns." So muss man das sehen.

Wie man sich am besten in den Buchhandlungen positioniert und dort dauerhaft ein Standbein für seine Comics etabliert, das beschäftigt zurzeit die ganze Comicbranche. Mit nur einem Album ist das nahezu unmöglich.

Ja, der potenzielle Leser kommt mit Comics gar nicht mehr richtig in Berührung. Höchstens über Comicläden, doch welcher Normalsterbliche geht da rein und wie viele Läden gibt es denn noch? Supermärkte führen das nicht mehr, so wie früher.

Ja, man muss einen langen Atem haben.

Den habe ich eigentlich, aber es ist insgesamt schade, denn es gibt bestimmt viele gute Leute, die den nicht haben. Auch muss man die Möglichkeit haben, sich weiterzuentwickeln, seinen Stil reifen zu lassen. Donald, Asterix, Lucky Luke - alle sahen am Anfang auch ganz anders aus als ein paar Jahre später.

Kannst Du inhaltlich noch etwas über Hauptmann Veit erzählen? 35 Jahre hast Du gebraucht bis Band 1 von Hauptmann Veit im Kasten war. Die Serie soll auf zehn Bände angelegt sein. Wenn Du in dem Tempo weitermachst, dann kommt der letzte Band im Jahr 2325 auf den Markt (schmunzelt).

Was heisst zehn Bände? Aus dem Stoff kann man mehr machen (lacht). Die Story behandelt die Zeit der Reformation und des deutschen Bauernkriegs. Das ist eine sehr spannende, ereignisreiche Zeit gewesen, mit Persönlichkeiten wie Götz von Berlichingen, Martin Luther oder Thomas Müntzer. Da gibt es so viele Geschichten zu erzählen. Außerdem lässt sich natürlich der Herstellungsprozess stark beschleunigen. Geplant ist ja eine jährliche Erscheinungsweise.

Feeling History
SPECIAL EDITION

Collectors Collection

Hast Du auch bewußt für den Comic recherchiert?

Ja, ich bin z.B. einmal aktiv drei Wochen durch die Gegend gereist, in der die Handlung spielt. Ich verknüpfe ja reale Geschichte mit fiktiven Figuren.

Was mir bei Hauptmann Veit besonders gefällt, ist das Motto "Feeling History". Der Comic vermittelt deutsche Geschichte recht anschaulich und tut dies in Details wie bei den Kampfszenen ungeschminkt. Auch wirkt die Bekleidung der handelnden Personen authentisch.

Es ist eben nicht der 1001. Ritter-Roman, sondern echte Geschichtsschreibung. Diese Epoche ist höchst spannend. Das Mittelalter geht zu Ende und die Neuzeit beginnt. Amerika wird entdeckt. Es gibt diese Phase, wo noch alte Ritter herumlaufen und zeitgleich das Schießpulver Einzug hält. Waffen wie Lanzen oder die Kleidung der Landsknechte sind recherchiert und authentisch. Es ist detailreich und darf doch nicht zu kompliziert sein. Die Details tragen zur Atmosphäre bei.

Die Hintergründe sind zum Teil fotorealistisch.

Ich arbeite mit Photoshop und Painter. Manche Seiten sind eine Mischung aus Zeichnungen und Foto. Man kann das sehen, wenn die Handlung im Wald spielt, am Blattwerk, oder wenn die Personen in einem See baden, an der Darstellung von Wasser. Aber es ist so, dass man eine Vorlage nicht eins zu eins übernehmen kann, also muss man immer manuell bearbeiten und seinen eigenen Stil hereinbringen. Wenn ich eine Vorlage für eine Backsteinmauer habe, dann wäre ich doch blöd, wenn ich stattdessen aufwändig einzelne Backsteine zeichnen würde. Und besser wird es so auch nicht.

Das merkt man. Du hast eine andere Art, eine Schlacht darzustellen. Das ist sehr intensiv. Gerade die Darstellung von Brutalitäten ist generell eine Gratwanderung: Wenn es zu gewalttätig wird, gefällt es nur noch ganz wenigen Leuten.

DIE RECHTSZUSTÄNDE IN DEUTSCHLAND UM 1500
"Recht haben und Recht kriegen ist zweierlei"

Oft stellt man sich das Mittelalter ja als anarchen Freiraum vor, in dem bestenfalls das Faustrecht galt.
Dem war gewissermaßen auch so. Lehnsherren und Vögte urteilten in ihren Territorien nach Gutsherrenart, oft rein willkürlich oder nach „alter Sitte". Offiziell herrschte das klassische antike „Römische Gesetz", natürlich in Latein, das um 1500 herum zum sog. „Gemeinen Recht" weiterentwickelt wurde. In den freien Reichsstädten und grösseren fürstlichen und kirchlichen Gebieten wurde es konsequent angewendet, auf dem Land im Bedarfsfall. Es widersprach allerdings fundamental altem germanischem Recht, dass in weiten Teilen der Bevölkerung noch im Bewußtsein war und welches als gerechter empfunden wurde.

Das Rechtswesen war standesmässig fein untereinander differenziert und hierarchisiert. Der Kaiser, die Fürsten, danach der Adel hatten gewöhnlich das Recht auf ihrer Seite, wobei z.B. der niedere Adel wiederum gegen die Fürsten auch keine guten Karten hatte.

Trotzdem konnte selbst ein leibeigener Bauer einen Adligen verklagen, ganz offiziell. Dazu brauchte er natürlich Geld und einen Advokaten. Oft wusste er allerdings nicht, bei wem er seine Klage vorzubringen hatte, da sich die Zuständigkeiten bunt durchkreuzten. Auch konnte er nicht gegen seinen eigenen, sondern nur gegen einen anderen Lehnsherrn klagen. Gefährlich war es obendrein, wusste man doch nicht, ob man die Rückkehr vom meist weit entfernten Gerichtshof überleben würde. Oft genug verschaffte sich der Ritter dem Bauern gegenüber sein vermeintliches Recht, einfach indem er diesen überfiel oder gleich tötete.

Allerdings bildeten sich Ansätze einer Rechtsstaatlichkeit und ein Gerichtswesen heraus. Es gab frei konsultierbare Advokaten, es gab Gerichtsbarkeiten. In den Gerichtshöfen saßen Edle und Doktoren. Als oberste Instanz fungierte das Reichskammergericht, eine Art Bundesverfassungsgericht heutiger Art. Es tagte in loser Folge und hatte zunächst keinen festen Sitz. Der Kaiser selbst hatte es eingesetzt, war aber selten anwesend, daher blieb es ohne tiefere Wirkung. So kam es, dass selbst er seine Rechtsbarkeit nicht uneingeschränkt durchsetzen konnte.
So verkündete z.B. 1495 der deutsche König und spätere Kaiser Maximilian I. den „Ewigen Landfrieden", welcher bei Strafe das Fehderecht, das eigenmächtige Rauben und Kriegführen verbot. Da er dann aber selten in den eigenen deutschen Kernlanden war und auch die Sprache nicht richtig sprach, weil eben eine ausführende Zentralgewalt fehlte, machte jeder in seiner Abwesenheit was er wollte, vor allem die großen Fürsten. Die Urteile blieben oft Urteile ohne Vollzug. Schlechte Zeiten für das Recht.

Ich habe kurz vor der Umsetzung der Schlachtszene am Anfang des ersten Bandes den Roman „Im Westen nichts Neues" gelesen. In einer Szene im Comic sticht Raven in einem Blutrausch wie von Sinnen mit einem Spaten auf einen längst toten Gegner ein. Das ist von Remarque inspiriert, weil ich dessen Antikriegsroman so intensiv empfunden habe. Es geht natürlich nicht nur um Gewalt, die gesamte Story ist sehr vielschichtig. Aber wenn man sich Videospiele oder Filme von heute anschaut, dann ist Hauptmann Veit noch harmlos dagegen. Gezeichnete Motive scheinen allerdings in der Lage zu sein, eine besondere Emotionalität auszulösen.

Bleistiftzeichnung, Detailausschnitt

ULRICH VON HUTTEN
(1488-1523)

„Mut, Mut, ihr Deutschen! Hindurch, hindurch! Es lebe die Freiheit!"

Eigentlich hätte er ein komfortables Leben haben können. Er kam aus einem der angesehensten und reichsten Adelsgeschlechter in Franken. Ausserdem war er der Erstgeborene, hätte also geerbt. Allerdings war er vom Vater dazu ausersehen worden, zunächst ins Kloster und später nach Rom und Bologna zum Studium der Rechte zu gehen. Das ging nicht lange gut. Ulrich floh, worauf der Vater ihn verstiess.
Dem rebellischen Ulrich war dies nur recht. Als der Vater starb schlug er das Erbe ganz aus. Kein weltlicher Ballast sollte seine raumgreifenden Ideen und wortgewaltigen Schriften und kraftvollen Manifeste behindern.
Vom Kaiser zunächst noch als nationaler Poet gewürdigt und damit so etwas wie der Popstar seiner Zeit, wandte sich Hutten unter dem Einfluß der lutherischen Reformation zunehmend schärfer gegen die Dominanz der römischen Kirche und deren weltliche Machtausübung. Deutschland sollte nach seiner Überzeugung ein Land der freien Männer mit dem Kaiser an der Spitze sein. Dazu sollte die Geistlichkeit und alle großen Fürsten (was teilweise identisch war) beseitigt werden. Durchsetzen sollten dies die freien Reichsritter, der Kleinadel gewissermaßen, von jeher des Kaisers Stütze und dessen unmittelbar zu rekrutierende Streitmacht.
In dem Führer der Reichsritter, Franz von Sickingen, fand er seinen kongenialen Partner, einen Mann, der auch die Mittel und die Entschlusskraft besaß, die hochfliegenden Pläne umzusetzen. Auch die Reichsstädte, die Reformatoren, vor allem Luther und auch das unterprivilegierte Stadt-und Landvolk sollten das zerrissene und schwankende „Römische Reich Deutscher Nation" neu ordnen. Adel und Bürgertum sollten sich vereinen.
Als Sickingen überhastet 1522 losschlug, zeigte sich allerdings schnell, dass aus den kühnen Ideen in der Realität nichts wurde. Weder der Kaiser (Karl V.), noch die Städte und niederen Stände sahen nun ausgerechnet im Kleinadel ihre natürlichen Bündnispartner. Der Kaiser konnte sich einen derartigen Streit mit den mächtigen Landesfürsten und großen Geldhäusern überhaupt nicht leisten. Er stützte sich zunehmend lieber auf die neuen Landsknechtsheere mit Hakenbüchsen und Kanonen, nicht mehr auf überholte Ritter zu Pferde. Und die Städte oder auch gerade die Landbevölkerung hatten über die Jahrhunderte überwiegend äußerst schlechte Erfahrungen mit raubritterlichen Kleinadligen gemacht.
Der Adelsaufstand scheiterte gänzlich, Hutten floh in die Schweiz. Fast alle seine ehemaligen humanistischen Mitstreiter setzten sich sogleich von ihm ab und ließen ihn im Stich, so auch sein einstiger Mentor und Verbündeter im Geiste, Erasmus von Rotterdam. Hutten starb kurz darauf, im August 1523, krank und völlig mittellos in der Schweiz.

Originalhandschrift Huttens

Letzte Ruhestätte Huttens, die Kirche St.Peter und Paul auf der Insel Ufenau im Zürichsee

Grabplatte Huttens

Welche Auflage hat Band 1 ?

Erschütternde 1000 Stück. Die Comicbranche ist ja mehr ein Nischenmarkt. In dieser Branche kannst Du erst mal kein Geld verdienen. Im Gegenteil, Du musst ordentlich Geld mitbringen. Ich habe ganz viel für die Musikindustrie gearbeitet. Da gab es Produktmanager, die hatten ein sog. "Standing", d.h. wenn sie von einer Sache überzeugt waren, dann haben sie es durchgezogen, gegen alle Widerstände, da paarte sich oft Vision mit Sachkenntnis. Heute wird schnell der Rotstift angesetzt, wenn etwas nicht funktioniert. Der berüchtigte „Eine Schuss", entweder Top oder Flop, bloß keinen Fehler machen, kein Risiko. Wie soll sich denn da etwas entwickeln? Die Band Genesis zum Beispiel hat erst nach der siebten LP richtig Erfolg gehabt, die gäbe es nach heutigen Gesetzen gar nicht. Das ist beim Comic genau dasselbe. Die erfolgreichen Serien sind zum Teil 50 Jahre alt. Warum gibt es wenig Neues? Das liegt nicht daran, dass es keine neuen Leute oder neue Ideen gibt. Das liegt einfach an den Möglichkeiten. Du musst doch irgendwie dein Geld verdienen. Das kannst du in Deutschland mit Comics wirklich nicht. Da verdient man woanders mehr, so ist es für viele schlichtweg keine Alternative. Das liegt auch an den Verlagen, die Nachwuchs wenig fördern, quasi keine eigene Entwicklungsabteilung mehr haben. Stell Dir vor, die Autoindustrie sagt: „Wir stecken kein Geld mehr in die Entwicklung". Undenkbar!

Mir ist aufgefallen, dass Du stilistisch ein wahres Chamäleon bist. Nicht viele haben so viele verschiedene Techniken drauf.

Ich konnte mich nie auf einen Stil festlegen. So Leute wie Tetsche, der klasse ist, der macht seit 40 Jahren das Gleiche. Das ist natürlich Kult, aber für mich ist das nichts. Ich probiere lieber Neues aus, mische Techniken. Das gilt auch für die Zeichentechnik. Früher habe ich Airbrush und all den Kram gemacht, heute mache ich viel mit dem Computer. Da sitze ich ungleich kürzer dran und habe dasselbe Ergebnis, oft sogar viel besser. Ich habe nie verstanden, warum damals Kollegen oder Grafiker gesagt haben: „Nein, keinen Computer, das ist doch Teufelszeug, ich bin Künstler." Im Prinzip ist das doch nur Handwerk, neues besseres Handwerk. Ich kann so viel mehr Zeit auf die Gestaltung des Layouts legen und kreativ sein.

Aber Du zeichnest schon mit Zeichenstift per Hand vor?

Ja, auf jeden Fall, Bild für Bild eine Bleistiftzeichnung und die Ausführung mit Feder. Beim Colorieren kommt dann noch der elektronische Stift hinzu.

Das heißt, Du machst die Seitengestaltung ganz zum Schluss?

Ich mache mir ein grobes Layout und gestalte das später so, dass alles passt, wie beim Film. Der Comic ist meiner Meinung nach das am meisten unterschätzte Medium. Dabei ist es das schwerste was es gibt. Das ist wie ein verkürzter Film. Nur das man da alles in einem ist und machen muss, vom Drehbuchautor, Regisseur bis zur Maske und Beleuchtung. Allerdings kann man auch jeden Charakter „verpflichten". Da steckt so viel Arbeit drin und später sagen manche: „Ach komm, das ist ja nur ein Comic."

NOFI's
**HAUPTMANN VEIT
BAND 3**

GESETZLOS

Luxusausgabe,
Hardcover, 65 Seiten,
Erscheint im Herbst 2013
€ 19,80,- (D)
€ 20,10,- (A)
sFr. 33

Bisher erschienen:
**HAUPTMANN VEIT
BAND 1**
BlutBruder
Luxusausgabe,
Hardcover, 65 Seiten,
ISBN: 978-3-00-032435-2
€ 19,80,- (D)
€ 20,10,- (A)
sFr. 33

NOFI

(Lutz Nosofsky)

Jahrgang 1951.
Arbeitet seit 1983 als selbstständiger
Grafiker, Zeichner und Illustrator für
Wirtschaft, Handel und div. Medien-
partner.
Ab 1994 verlagert sich der Schwer-
punkt auf regelmäßige Cartoon-
Veröffentlichungen in Magazinen,
Publikationen und Büchern.

Collectors Collection